LES COULEURS FAUVES

I. Persistent Bells

Karel Husa
(1995)

10
Fl.
Ob.
1 solo
E. H.
Cl. in E♭
Cl. in B♭
A. Cl. in E♭
Bs. Cl. in B♭
Bsn.
A. Sax. in E♭
T. Sax. in B♭
Bar. Sax. in E♭
Bs. Sax./ in B♭ Cbs. Cl.
10
Tpt. in C
Hn. in F
Tbn.
Euph.
Tuba
Str. Bass/ C. Bsn.
Timp.
Glockenpiel
poco ad lib.
Vibraphone soft mallets
poco ad lib.
l.v.
Perc.
Chimes with Marimba mallets
l.v.
sempre

Fl.
Ob.
E. H.
Cl. in E♭
Cl. in B♭
A. Cl. in E♭
Bs. Cl. in B♭
Bsn.
A. Sax. in E♭
T. Sax. in B♭
Bar. Sax. in E♭
Bs. Sax./ in B♭ Cbs. Cl.
Tpt. in C
Hn. in F
Tbn.
Euph.
Tuba
Str. Bass/ C. Bsn.
Timp.
Perc.
poco cresc.
p echo
dim.
Glock.
poco ad lib.
Vib.
Ch.

20
Fl.
1., 1 solo pp senza vib.
2., 1 solo pp senza vib.
Ob.
p poco cresc.
mp cresc.
E. H.
Cl. in E♭
Cl. in B♭
A. Cl. in E♭
Bs. Cl. in B♭
Bsn.
A. Sax. in E♭
T. Sax. in B♭
Bar. Sax. in E♭
Bs. Sax./ in B♭ Cbs. Cl.
1. 1 solo
straight metal mute
Tpt. in C
1. mute
3. mute
Hn. in F
Tbn.
Euph.
Tuba
Str. Bass/ C. Bsn.
Timp.
Glock.
Vib.
Ch.
Perc.

Fl.
Ob.
E. H.
Cl. in E♭
Cl. in B♭
A. Cl. in E♭
Bs. Cl. in B♭
Bsn.
A. Sax. in E♭
T. Sax. in B♭
Bar. Sax. in E♭
Bs. Sax./ in B♭ Cbs. Cl.
Tpt. in C
Hn. in F
Tbn.
Euph.
Tuba
Str. Bass/ C. Bsn.
Timp.
Perc.
pp nat. (vib.)
cresc.
mp
poco cresc.
1 solo
straight metal mute
p
(3.)
Glock.
quasi ad lib.
p cresc.
mp
Vib.
quasi ad lib.
p
cresc.
mf
Ch.
p

30
Fl.
tutti nat.
mf
dim.
Ob.
tutti
E. H.
Cl. in E♭
Cl. in B♭
A. Cl. in E♭
Bs. Cl. in B♭
Bsn.
p poco cresc.
mp
poco cresc.
A. Sax. in E♭
T. Sax. in B♭
Bar. Sax. in E♭
Bs. Sax./ in B♭ Cbs. Cl.
30
Tpt. in C
(1 solo)
1 solo
straight metal mute
mp
Hn. in F
open p cresc.
p cresc.
open
a2
mf
Tbn.
Euph.
Tuba
Str. Bass/ C. Bsn.
Timp.
Glock.
medium mallets
Vib. medium mallets
Xylophone
medium (rubber) mallets
p cresc.
mf
Ch.
to Marimba
Perc.

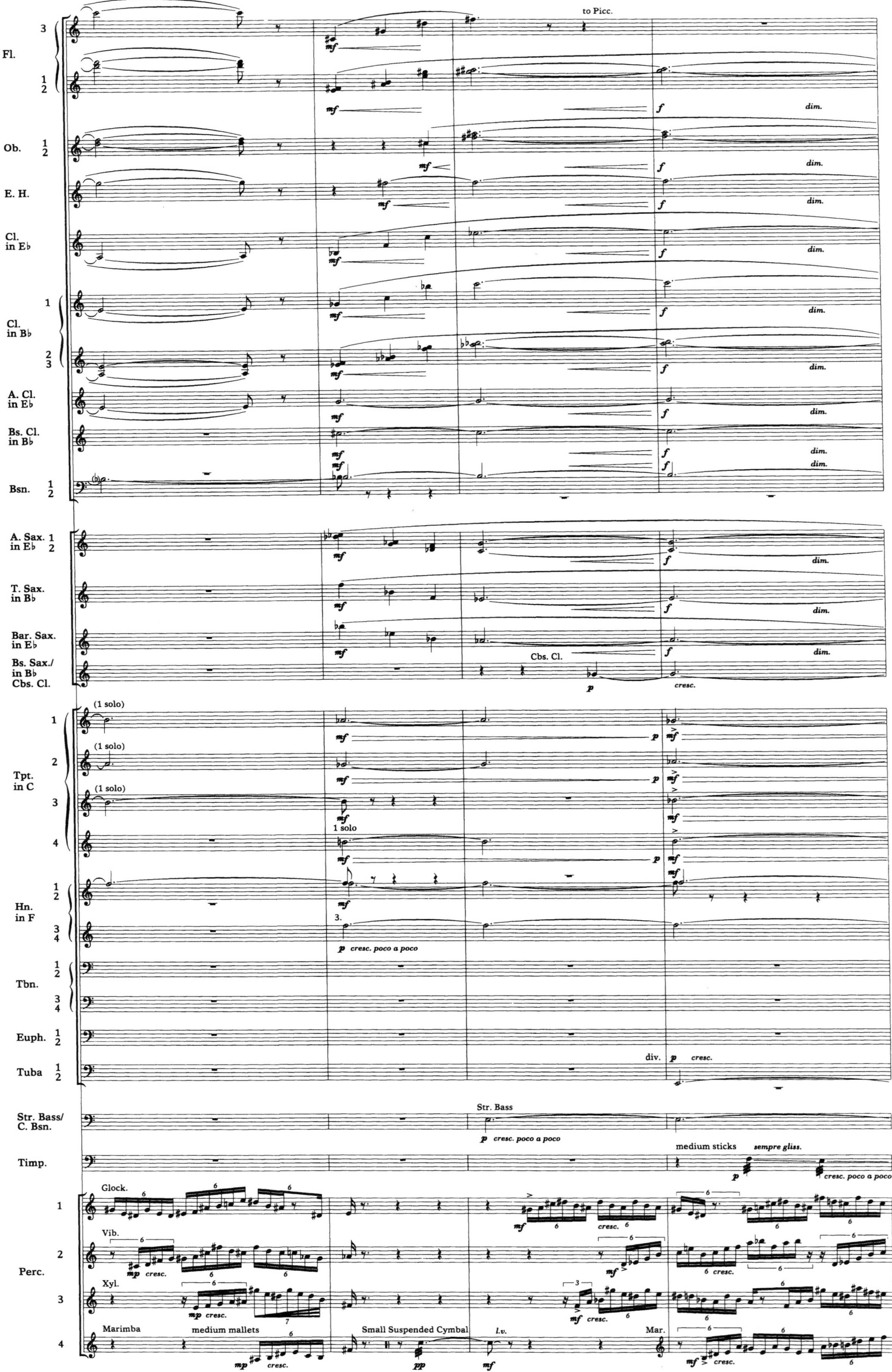

Fl.
to Picc.
Ob.
E. H.
Cl. in E♭
Cl. in B♭
A. Cl. in E♭
Bs. Cl. in B♭
Bsn.
A. Sax. in E♭
T. Sax. in B♭
Bar. Sax. in E♭
Bs. Sax./ in B♭ Cbs. Cl.
Cbs. Cl.
Tpt. in C
(1 solo)
1 solo
Hn. in F
cresc. poco a poco
Tbn.
Euph.
Tuba
div.
Str. Bass/ C. Bsn.
Str. Bass
Timp.
medium sticks
sempre gliss.
Perc.
Glock.
Vib.
Xyl.
Marimba
medium mallets
Small Suspended Cymbal
l.v.
Mar.
dim.
cresc.

Picc.
Fl. 1 2
Ob. 1 2
E. H.
Cl. in E♭
Cl. in B♭ 1 2 3
A. Cl. in E♭
Bs. Cl. in B♭
Bsn. 1 2
A. Sax. in E♭ 1 2
T. Sax. in B♭
Bar. Sax. in E♭
Bs. Sax./ in B♭ Cbs. Cl.
Tpt. in C 1 2 3 4
Hn. in F 1 2 3 4
Tbn. 1 2 3 4
Euph. 1 2
Tuba 1 2
Str. Bass/ C. Bsn.
Timp.
Perc. 1 2 3 4
Picc.
a2
(1.)
cresc.
(1 solo)
Tutti
(straight metal mute)
straight metal mute
C. Bsn.
Low Timp.
Glock.
Vib.
Xyl.
Mar.

40
Picc.
Fl. 1 2
Ob. 1 2
E. H.
Cl. in E♭
Cl. in B♭ 1 2 3
A. Cl. in E♭
Bs. Cl. in B♭
Bsn. 1 2
A. Sax. in E♭ 1 2
T. Sax. in B♭
Bar. Sax. in E♭
Bs. Sax./ in B♭ Cbs. Cl.
Tpt. in C 1 2 3 4
Hn. in F 1 2 3 4
Tbn. 1 2 3 4
Euph. 1 2
Tuba 1 2
Str. Bass/ C. Bsn.
Timp.
Perc. 1 2 3 4
(a2)
a2
più f espr.
f espr.
ff
f
cantabile
dim. poco al
non div.
cresc.
sffp
Bs. Sax.
Cbs. Cl.
Glock.
Vib.
Xyl.
to Large Gong
Large Gong
to Xyl.
l.v.
Mar.
to Chimes
Ch.
leather hammers (2 each)
3 cresc.
6

Picc.
Fl. 1 2
Ob. 1 2
E. H.
Cl. in E♭
Cl. in B♭ 1 2 3
A. Cl. in E♭
Bs. Cl. in B♭
Bsn. 1 2
A. Sax. in E♭ 1 2
T. Sax. in B♭
Bar. Sax. in E♭
Bs. Sax./ in B♭ Cbs. Cl.
Tpt. in C 1 2 3 4
Hn. in F 1 2 3 4
Tbn. 1 2 3 4
Euph. 1 2
Tuba 1 2
Str. Bass/ C. Bsn.
Timp.
Perc. 1 2 3 4

(a2) ff più f più f espr. f espr. f a2 cantabile dim. poco al cresc. sffp

Glock. Vib. Xyl. to Large Gong
Large Gong to Xyl. l.v.
Ch. leather hammers (2 each)

50
Picc.
Fl. 1 2
Ob. 1 2
E. H.
Cl. in E♭
Cl. in B♭ 1 2 3
A. Cl. in E♭
Bs. Cl. in B♭
Bsn. 1 2
A. Sax. in E♭ 1 2
T. Sax. in B♭
Bar. Sax. in E♭
Bs. Sax./ in B♭ Cbs. Cl.
Tpt. in C 1 2 3 4
Hn. in F 1 2 3 4
Tbn. 1 2 3 4
Euph. 1 2
Tuba 1 2
Str. Bass/ C. Bsn.
Timp.
Perc. 1 2 3 4
cresc.
molto cresc.
molto legato
unis.
dim. poco a poco
Glock.
to Chimes
Vib.
to Large Gong
Chimes
leather hammers
Large Gong
to Vib.
Xyl.
Ch.
sim. l.v.

Picc.
fltg.
fff intenso
Fl. 1 2
(a2)
8va
Ob. 1 2
a2
E. H.
Cl. in E♭
Cl. in B♭ 1 2 3
A. Cl. in E♭
Bs. Cl. in B♭
Bsn. 1 2
A. Sax. 1 2 in E♭
espr.
T. Sax. in B♭
Bar. Sax. in E♭
Bs. Sax./ in B♭ Cbs. Cl.
Bs. Sax.
Cbs. Cl.
Tpt. in C 1 2 3 4
cresc.
Hn. in F 1 2 3 4
progress to
dim. poco a poco
Tbn. 1 2 3 4
bell-like
Euph. 1 2
Tuba 1 2
Str. Bass/ C. Bsn.
Timp.
sim.
Perc. 1 2 3 4
Ch.
to Glock.
Glock.
brass mallets
Vib.
hard mallets
Xyl.
to Large Gong
Large Gong

Picc.
Fl. 1 2
Ob. 1 2
E. H.
Cl. in E♭
Cl. in C
A. Cl. in E♭
Bs. Cl. in B♭
Bsn. 1 2
A. Sax. in E♭ 1 2
T. Sax. in B♭
Bar. Sax. in E♭
Bs. Sax./ in B♭ Cbs. Cl.
Tpt. in C
Hn. in F
Tbn.
Euph. 1 2
Tuba 1 2
Str. Bass/ C. Bsn.
Timp.
Perc.
(a2)
8va
poco dim.
f
mf
espr.
bell-like
dim. poco a poco
mp
dim.
(tune B to C♯)
Glock.
Vib.
Large Gong
meno f
Bass Drum
Ch.
(hammer)
cresc.

60
Picc.
Fl. 1 2
Ob. 1 2
E. H.
dim. poco a poco
p
Cl. in E♭
Cl. in B♭ 1 2 3
A. Cl. in E♭
mf espr.
Bs. Cl. in B♭
mf espr.
Bsn. 1 2
a2
mf espr.
(a2)
A. Sax. 1 2 in E♭
T. Sax. in B♭
f
dim.
Bar. Sax. in E♭
Bs. Sax./ in B♭ Cbs. Cl.
60
Tpt. in C 1 2 3 4
mf
mp
dim. poco a poco
mp
dim. poco a poco
mp
p
Hn. in F 1 2 3 4
a2 + sim.
f bell-like
dim. poco a poco
a2 + sim.
f bell-like
dim. poco a poco
Tbn. 1 2 3 4
Euph. 1 2
Tuba 1 2
(a2)
Str. Bass/ C. Bsn.
pp
Timp.
Glock.
poco ad lib.
mf
cresc.
f
Vib.
poco ad lib.
f
mf
Large Gong
Bass Dr.
mf
B.D.
Ch.
f
Perc. 1 2 3 4

Picc.
Fl. 1 2
Ob. 1 2
E. H.
Cl. in E♭
Cl. in B♭ 1 2 3
A. Cl. in E♭
dim.
Bs. Cl. in B♭
dim.
mp ma espr.
(a2)
1.
Bsn. 1 2
dim.
mp ma espr.
A. Sax. 1 2 in E♭
T. Sax. in B♭
p
Bar. Sax. in E♭
mf
dim.
p
Bs. Sax./ in B♭ Cbs. Cl.
Tpt. in C 1 2 3 4
(a2)
Hn. in F 1 2 3 4
perd.
(a2)
perd.
Tbn. 1 2 3 4
harmon mute, stem off
mf
dim.
perd.
harmon mute, stem off
mp
dim.
Euph. 1 2
Tuba 1 2
Str. Bass
Str. Bass/ C. Bsn.
mp
dim.
pp
Timp.
mp
(>)
(>)
sim.
p dim.
Glock.
mp
cresc.
f
dim.
Vib.
mf
mp
B.D.
Large Gong
mp
Ch.
p
mf
Perc. 1 2 3 4

70
Picc.
Fl.
2 soli
pp cantabile
2 soli
pp cantabile
Ob.
1., 1 solo
pp cantabile
Cl. in E♭
Cl. in B♭
2 soli
pp cantabile
2 soli
pp cantabile
A. Cl. in E♭
Bs. Cl. in B♭
pp
play only if Cbs. Cl. or Bs. Sax. is unavailable
solo
p
Bsn.
(1.)
pp
A. Sax. in E♭
T. Sax. in B♭
Bar. Sax. in E♭
Bs. Sax./ in B♭ Cbs. Cl.
(prefer Cbs. Cl.)
solo
p
70
Tpt. in C
Hn. in F
Tbn.
(4.)
perd.
Euph.
Tuba
1 solo
p espr.
dim.
Str. Bass/ C. Bsn.
Timp.
perd.
Perc.
Glock.
mp
(mp)
p
medium (rubber) mallets
p
Ch.
p
mp
p

Picc. — 1 solo — *p* — *dim. poco a poco al fine* — (𝄐) *ad lib.* — *pp* — *echo* — *ppp* — *lunga* — *perd.*

Fl. 1, 2 — (𝄐) *ad lib.*

Ob. 1 2 — (1.) — *pp* — (𝄐) *ad lib.*

Cl. in E♭ — (𝄐) *ad lib.*

Cl. in B♭ 1, 2, 3 — (𝄐) *ad lib.*

A. Cl. in E♭ — (𝄐) *ad lib.*

Bs. Cl. in B♭ — (𝄐) *ad lib.*

Bsn. 1 2 — (𝄐) *ad lib.*

A. Sax. in E♭ 1 2 — (𝄐) *ad lib.*

T. Sax. in B♭ — (𝄐) *ad lib.*

Bar. Sax. in E♭ — (𝄐) *ad lib.*

Bs. Sax./ in B♭ Cbs. Cl. — (𝄐) *ad lib.*

Tpt. in C 1 2, 3 4 — (𝄐) *ad lib.*

Hn. in F 1 2, 3 4 — (𝄐) *ad lib.*

Tbn. 1 2, 3 4 — (𝄐) *ad lib.*

Euph. 1 2 — (𝄐) *ad lib.*

Tuba 1 2 — (𝄐) *ad lib.*

Str. Bass/ C. Bsn. — (𝄐) *ad lib.*

Timp. — (E to E♭, C♯ to D) ⟶ — (𝄐) *ad lib.*

Perc. 1 — Glock. — *pp* — 3 — (𝄐) *ad lib.*

Perc. 2 — (𝄐) *ad lib.*

Perc. 3 — Large Gong — *ppp* — (𝄐) *ad lib.*

Perc. 4 — Ch. medium Mar. mallets — *pp* — (𝄐) *ad lib.* — *ppp* — *l.v.*

II. Ritual Dance Masks

10
Picc.
Fl. 1 2
Ob. 1 2
E. H.
Cl. in E♭
Cl. in B♭ 1 2 3
A. Cl. in E♭
Bs. Cl. in B♭
from reedy to
nat.
f dim. poco a poco
Bsn. 1 2
A. Sax. 1 2 in E♭
T. Sax. in B♭
Bar. Sax. in E♭
Bs. Sax./ in B♭ Cbs. Cl.
Cbs. Cl.
f
dim. poco a poco
pp
10
Tpt. in C 1 2 3 4
(a2)
Hn. in F 1 2 3 4
Tbn. 1 2 3 4
Euph. 1 2
Tuba 1 2
Str. Bass/ C. Bsn.
Timp.
medium hard mallets
f
Temple Blocks
medium hard mallets
f sempre
Perc. 1 2 3 4

20
Picc.
Fl. 1 2
Ob. 1 2
E. H.
Cl. in E♭
Cl. in B♭ 1 2 3
A. Cl. in E♭
Bs. Cl. in B♭
pp
Bsn. 1 2
A. Sax. in E♭ 1 2
T. Sax. in B♭
Bar. Sax. in E♭
Bs. Sax./ in B♭ Cbs. Cl.
20
Tpt. in C 1 2 3 4
Hn. in F 1 2 3 4
Tbn. 1 2 3 4
harmon mute, stem in
ppp gliss.
harmon mute, stem in
pp gliss.
cresc.
Euph. 1 2
Tuba 1 2
1. mute
ppp
Str. Bass/ C. Bsn.
Timp.
T. Blk.
Perc. 1 2 3 4

30
Picc.
Fl. 1 2
Ob. 1 2
E. H.
Cl. in E♭
Cl. in B♭ 1 2 3
A. Cl. in E♭
Bs. Cl. in B♭
Bsn. 1 2
A. Sax. in E♭ 1 2
T. Sax. in B♭
Bar. Sax. in E♭
Bs. Sax./ in B♭ Cbs. Cl.
30
Tpt. in C 1 2 3 4
Hn. in F 1 2 3 4
Tbn. 1 2 3 4
harmon mute, stem in
gliss.
cresc. poco a poco
cresc.
Euph. 1 2
div.
mute
Tuba 1 2
Str. Bass/ C. Bsn.
a2
p cresc. poco a poco
Timp.
T. Blk.
Perc. 1 2 3 4

40
Picc.
Fl. 1 2
Ob. 1 2
E. H.
Cl. in E♭
Cl. in B♭ 1 2 3
A. Cl. in E♭
Bs. Cl. in B♭
Bsn. 1 2
A. Sax. in E♭ 1 2
a2 reedy
sempre f
T. Sax. in B♭
reedy
sempre f
Bar. Sax. in E♭
Bs. Sax./ in B♭ Cbs. Cl.
40
Tpt. in C 1 2
a2 brassy, bell up
sempre f
sim.
3 4
a2 brassy, bell up
sempre f
sim.
Hn. in F 1 2
a2 brassy, bell up
sempre f
3 4
a2 brassy, bell up
sempre f
Tbn. 1
dim.
p
2
dim.
p
3 4
dim.
p
Euph. 1 2
dim.
p
mute off
Tuba 1 2
dim.
p
mute off
Str. Bass/ C. Bsn.
(a2)
dim.
p
Timp.
Perc. 1
T. Blk.
2
3
4

50
Picc.
Fl. 1 2
Ob. 1 2
E. H.
Cl. in E♭
Cl. in B♭ 1 2 3
A. Cl. in E♭
from reedy to - - - nat.
Bs. Cl. in B♭
f dim. poco a poco
from reedy to - - - nat.
Bsn. 1 2
f dim. poco a poco
p
(a2)
A. Sax. 1 2 in E♭
T. Sax. in B♭
Bar. Sax. in E♭
Bs. Sax./ in B♭ Cbs. Cl.
50
(a2)
Tpt. in C 1 2 3 4
(a2)
(a2)
sim.
Hn. in F 1 2 3 4
(a2)
sim.
Tbn. 1 2 3 4
4.
pp gliss.
Euph. 1 2
1. open
Tuba 1 2
pp
Str. Bass/ C. Bsn.
Timp.
f
T. Blk.
sempre f
Perc. 1 2 3 4
3 Low Tom-toms
medium hard mallets
sempre f

* French Horns also sound a 5th lower when written in the bass clef.

70
Picc.
Fl. 1 2
Ob. 1 2
E. H.
Cl. in E♭
Cl. in B♭ 1 2 3
A. Cl. in E♭
Bs. Cl. in B♭
Bsn. 1 2
A. Sax. in E♭ 1 2
T. Sax. in B♭
Bar. Sax. in E♭
Bs. Sax./ in B♭ Cbs. Cl.
(Bs. Sax.)
Cbs. Cl.
cresc.
dim.
Tpt. in C 1 2 3 4
Hn. in F 1 2 3 4
(a2)
a2
brassy
and back to
Tbn. 1 2 3 4
nat. progressing to
gliss.
Euph. 1 2
Tuba 1 2
Str. Bass/ C. Bsn.
(C. Bsn.)
Timp.
Perc. 1 2 3 4
T. Blk.
Low T.-t.
Lg. Sus. Cym.
poco cresc.

80
Picc.
Fl. 1 2
Ob. 1 2
E. H.
Cl. in E♭
Cl. in B♭ 1 2 3
A. Cl. in E♭
Bs. Cl. in B♭
Bsn. 1 2
A. Sax. in E♭ 1 2
T. Sax. in B♭
Bar. Sax. in E♭
Bs. Sax./ in B♭ Cbs. Cl.
(Bs. Sax.)
nat.
mp dim.
p
reedy
f
sim.
Tpt. in C 1 2 3 4
a2
brassy, bell up
Hn. in F 1 2 3 4
(a2)
mf
Tbn. 1 2 3 4
mute out
Euph. 1 2
unis.
brassy
Tuba 1 2
Str. Bass/ C. Bsn.
(C. Bsn.)
Timp.
fp
cresc. poco a poco
Perc. 1 2 3 4
T. Blk.
Low T.-t.
Lg. Sys. Cym.
pp

90
Picc.
Fl. 1 2
Ob. 1 2
E. H.
Cl. in E♭
Cl. in B♭ 1 2 3
A. Cl. in E♭
Bs. Cl. in B♭
reedy to
f dim. poco a poco
a2
Bsn. 1 2
f dim. poco a poco
(a2)
A. Sax. in E♭ 1 2
T. Sax. in B♭
Bar. Sax. in E♭
Bs. Sax./ in B♭ Cbs. Cl.
a2
f dim. poco a poco
90
Tpt. in C 1 2 3 4
(a2)
Hn. in F 1 2 3 4
Tbn. 1 2 3 4
Euph. 1 2
to mute
Tuba 1 2
Str. Bass/ C. Bsn.
Str. Bass
from sul pont. to
f dim. poco a poco
C. Bsn.
f dim. poco a poco
from reedy to
Timp.
f
Perc. 1 2 3 4
T. Blk.
3 High Tom-toms
medium hard mallets
Low T.-t.
f

100
Picc.
Fl. 1 2
Ob. 1 2
E. H.
Cl. in E♭
Cl. in B♭ 1 2 3
A. Cl. in E♭
Bs. Cl. in B♭
Bsn. 1 2
A. Sax. in E♭ 1 2
T. Sax. in B♭
Bar. Sax. in E♭
Bs. Sax./ in B♭ Cbs. Cl.
Tpt. in C 1 2 3 4
Hn. in F 1 2 3 4
Tbn. 1 2 3 4
Euph. 1 2
Tuba 1 2
Str. Bass/ C. Bsn.
Timp.
Perc. 1 2 3 4
T. Blk.
High T.-t.
Low T.-t.
nat.
open
gliss.
cresc.
progressing to
(a2)

110
Picc.
Fl. 1 2
Ob. 1 2
E. H.
cresc.
f
f
cresc.
Cl. in E♭
Cl. in B♭ 1 2 3
A. Cl. in E♭
mf cresc.
f
f
Bs. Cl. in B♭
mf cresc.
mf cresc.
f
f
Bsn. 1 2
f
A. Sax. in E♭ 1 2
f
f gliss.
f
f cresc.
T. Sax. in B♭
f
f
f cresc.
Bar. Sax. in E♭
f
f
f cresc.
Bs. Sax./ in B♭ Cbs. Cl.
110
Tpt. in C 1 2 3 4
nat. progressing to
brassy
Hn. in F 1 2 3 4
mf cresc.
f
f cresc.
cresc.
mf cresc.
f cresc.
Tbn. 1 2 3 4
mf cresc.
f
f cresc.
f
Euph. 1 2
mute
f nat. cresc.
mf cresc.
f cresc.
Tuba 1 2
f cresc.
Str. Bass/ C. Bsn.
a2
mf cresc.
(f)
Timp.
T. Blk.
High T.-t.
Low T.-t.
Large Sus. Cym.
Perc. 1 2 3 4
p
cresc. poco a poco

120
Picc.
Fl. 1 2
Ob. 1 2
E. H.
cresc. poco a poco
reedy
Cl. in E♭
unis. a3
Cl. in B♭ 1 2 3
A. Cl. in E♭
Bs. Cl. in B♭
Bsn. 1 2
A. Sax. in E♭ 1 2
T. Sax. in B♭
Bar. Sax. in E♭
Bs. Sax./ in B♭ Cbs. Cl.
in the stand, progressively higher and brassy
brassy, bell up
Tpt. in C 1 2 3 4
ppp cresc. poco a poco
pp cresc. poco a poco
p cresc. poco a poco
più f
Hn. in F 1 2 3 4
brassy
Tbn. 1 2 3 4
(brassy)
Euph. 1 2
Tuba 1 2
Str. Bass/ C. Bsn.
(a2)
Timp.
T. Blk.
High T.-t.
Low T.-t.
Lg. Sus. Cym.
to Large Gong
Perc. 1 2 3 4

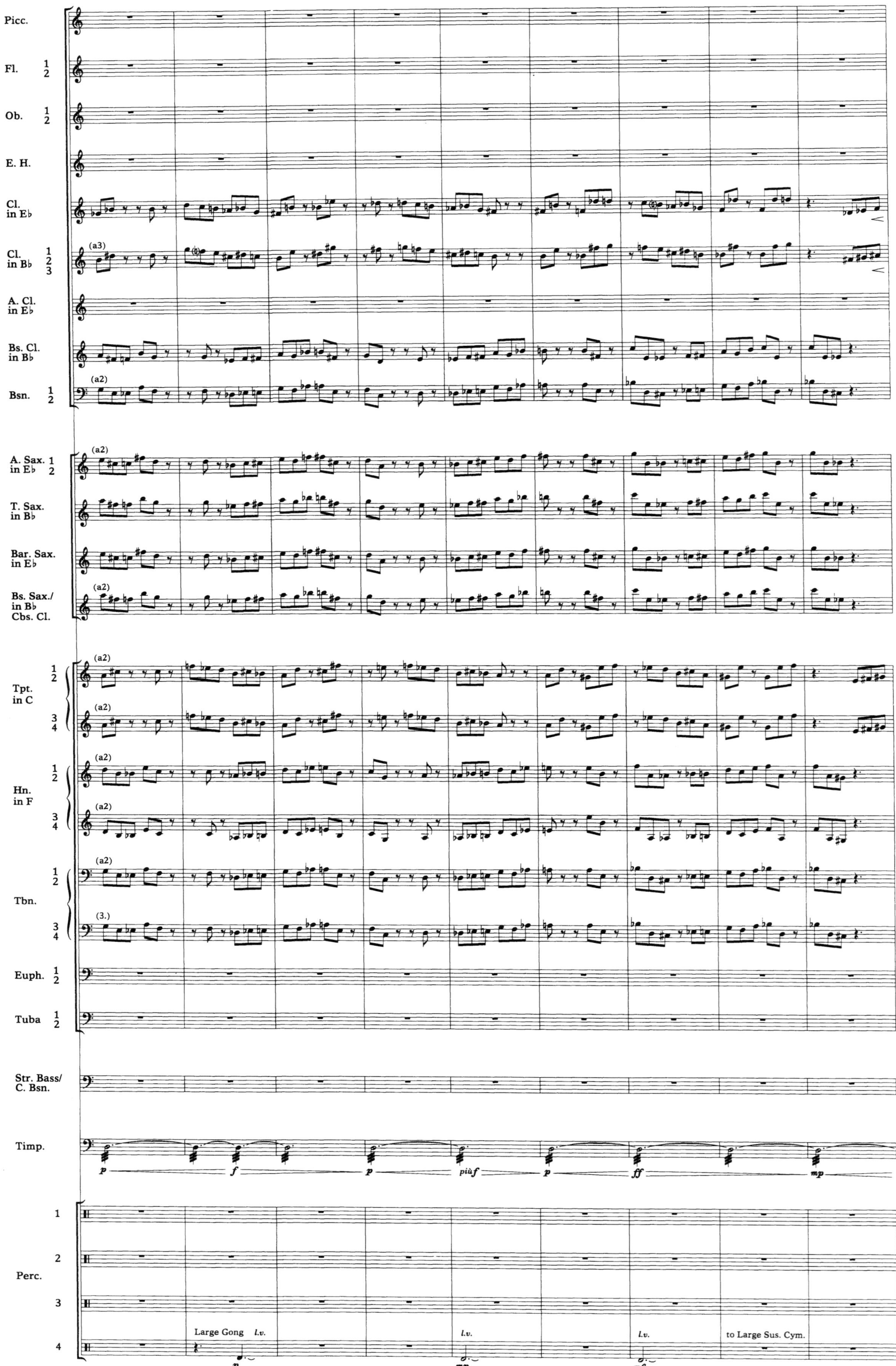
Picc.
Fl. 1 2
Ob. 1 2
E. H.
Cl. in E♭
Cl. in B♭ 1 2 3
(a3)
A. Cl. in E♭
Bs. Cl. in B♭
Bsn. 1 2
(a2)
A. Sax. in E♭ 1 2
T. Sax. in B♭
Bar. Sax. in E♭
Bs. Sax./ in B♭ Cbs. Cl.
Tpt. in C 1 2 3 4
Hn. in F 1 2 3 4
Tbn. 1 2 3 4
(3.)
Euph. 1 2
Tuba 1 2
Str. Bass/ C. Bsn.
Timp.
p f p più f p ff mp
Perc. 1 2 3 4
Large Gong l.v.
l.v.
l.v.
to Large Sus. Cym.
p mp mf

130
Picc.
sim.
dim. poco a poco
Fl.
a2
Ob.
E. H.
Cl. in E♭
Cl. in B♭
(a3)
A. Cl. in E♭
Bs. Cl. in B♭
nat.
Bsn.
(a2)
A. Sax. in E♭
T. Sax. in B♭
Bar. Sax. in E♭
Bs. Sax./ in B♭ Cbs. Cl.
gradually to nat.
Tpt. in C
Hn. in F
Tbn.
open
Euph.
Tuba
Str. Bass/ C. Bsn.
Timp.
T. Blk.
High T.-t.
Low T.-t.
Perc.

140
Picc.
Fl. 1 2
Ob. 1 2
E. H.
Cl. in E♭
Cl. in B♭ 1 2 3
A. Cl. in E♭
Bs. Cl. in B♭
Bsn. 1 2
A. Sax. in E♭ 1 2
T. Sax. in B♭
Bar. Sax. in E♭
Bs. Sax./ in B♭ Cbs. Cl.
Tpt. in C 1 2 3 4
Hn. in F 1 2 3 4
Tbn. 1 2 3 4
Euph. 1 2
Tuba 1 2
Str. Bass/ C. Bsn.
Timp.
Perc. 1 2 3 4
T. Blk.
High T.-t.
Low T.-t.
Large Sus. Cym.
medium hard mallets
nat. progressing to brassy
progressing to
brassy
cresc. poco a poco

150
Picc.
Fl. 1 2
Ob. 1 2
E. H.
Cl. in E♭
Cl. in B♭ 1 2 3
A. Cl. in E♭
Bs. Cl. in B♭
Bsn. 1 2
A. Sax. in E♭ 1 2
T. Sax. in B♭
Bar. Sax. in E♭
Bs. Sax./ in B♭ Cbs. Cl.
Tpt. in C 1 2 3 4
Hn. in F 1 2 3 4
Tbn. 1 2 3 4
Euph. 1 2
Tuba 1 2
Str. Bass/ C. Bsn.
Timp.
Perc. 1 2 3 4
T. Blk.
High T.-t.
Low T.-t.
Large Sus. Cym.
nat. progressing to brassy
a2
più f cresc.
f cresc.
cresc.
ff
f — ff
(mp)
mf

160
Picc.
fp molto cresc.
Fl. 1 2
Ob. 1 2
E. H.
nat.
Cl. in E♭
div. nat.
Cl. in B♭ 1 2 3
A. Cl. in E♭
Bs. Cl. in B♭
(1.)
Bsn. 1 2
f molto cresc.
A. Sax. in E♭ 1 2
ff
T. Sax. in B♭
Bar. Sax. in E♭
(a2)
Bs. Sax./ in B♭ Cbs. Cl.
(a2)
Tpt. in C 1 2 3 4
Hn. in F 1 2 3 4
Tbn. 1 2 3 4
Euph. 1 2
Tuba 1 2
Str. Bass/ C. Bsn.
Timp.
sempre gliss.
T. Blk.
High T.-t.
Low T.-t.
Large Sus. Cym.
Perc. 1 2 3 4
(f)
dim. poco a poco
to Claves
to Xyl.
to Mar.

170
Picc.
Fl. 1 2
Ob. 1 2
E. H.
Cl. in E♭
Cl. in B♭
A. Cl. in E♭
Bs. Cl. in B♭
Bsn. 1 2
A. Sax. 1 2 in E♭
T. Sax. in B♭
Bar. Sax. in E♭
Bs. Sax./ in B♭ Cbs. Cl.
straight metal mute, bell up, brassy
Tpt. in C
Hn. in F
progressing to brassy
Tbn.
Euph. 1 2
Tuba 1 2
unis.
Str. Bass/ C. Bsn.
Timp.
dim. poco a poco
T. Blk.
to Med. Gong
Perc.
Xylophone hard plastic mallets
Marimba hard plastic mallets

* This figure should be repeated rapidly, *ad lib.*, for the extent of the wavy line.

180
Picc.
Fl.
Ob.
E. H.
Cl. in E♭
Cl. in B♭
A. Cl. in E♭
Bs. Cl. in B♭
Bsn.
A. Sax. in E♭
T. Sax. in B♭
Bar. Sax. in E♭
Bs. Sax./ in B♭ Cbs. Cl.
180
solo
Tpt. in C
3. solo
nat.
cresc.
(3.)
a2
Hn. in F
(a2)
Tbn.
dim.
Euph.
Tuba
Str. Bass/ C. Bsn.
Timp.
Med. Gong
l.v.
2 Claves
Perc.
Xyl.
sim.
Mar.

190
Picc.
Fl. 1 2
Ob. 1 2
sim.
E. H.
Cl. in E♭
Cl. in B♭ 1 2 3
A. Cl. in E♭
Bs. Cl. in B♭
Bsn. 1 2
A. Sax. in E♭ 1 2
p cresc.
T. Sax. in B♭
Bar. Sax. in E♭
Bs. Sax./ in B♭ Cbs. Cl.
190
Tpt. in C 1 2 3 4
dim.
cresc.
solo
nat.
Hn. in F 1 2 3 4
a2
Tbn. 1 2 3 4
Euph. 1 2
Tuba 1 2
Str. Bass/ C. Bsn.
Timp.
Perc. 1 2 3 4
Med. Gong
2 Claves
Xyl.
Mar.

200
Picc.
sim.
cresc. poco a poco
Fl.
Ob.
E. H.
Cl. in E♭
mp cresc.
Cl. in B♭
A. Cl. in E♭
Bs. Cl. in B♭
Bsn.
A. Sax. in E♭
f dim.
T. Sax. in B♭
Bar. Sax. in E♭
Bs. Sax./ in B♭ Cbs. Cl.
Tpt. in C
Hn. in F
increasingly brassy until m. 224
a2
Tbn.
(a2)
dim.
Euph.
unis.
Tuba
Str. Bass/ C. Bsn.
Timp.
Perc.
Med. Gong
2 Claves
f cresc.
Xyl.
Ch.

Picc.
Fl. 1 2
Ob. 1 2
E. H.
Cl. in E♭
Cl. in B♭ 1 2 3
A. Cl. in E♭
Bs. Cl. in B♭
Bsn. 1 2
A. Sax. in E♭ 1 2
T. Sax. in B♭
Bar. Sax. in E♭
Bs. Sax./ in B♭ Cbs. Cl.
Tpt. in C 1 2 3 4
Hn. in F 1 2 3 4
Tbn. 1 2 3 4
Euph. 1 2
Tuba 1 2
Str. Bass/ C. Bsn.
Timp.
Perc. 1 2 3 4
dim.
cresc. poco a poco
sim.
a2
(a2)
Med. Gong
2 Claves
Xyl.
Mar.

210
Picc.
Fl. 1 2
Ob. 1 2
E. H.
Cl. in E♭
Cl. in B♭ 1 2 3
A. Cl. in E♭
Bs. Cl. in B♭
Bsn. 1 2
A. Sax. in E♭ 1 2
T. Sax. in B♭
Bar. Sax. in E♭
Bs. Sax./ in B♭ Cbs. Cl.
Tpt. in C 1 2 3 4
mute out
Hn. in F 1 2 3 4
(a2)
Tbn. 1 2 3 4
Euph. 1 2
Tuba 1 2
Str. Bass/ C. Bsn.
Timp.
Tuning:
very hard sticks
Perc. 1 2 3 4
2 Claves
Xyl.
Mar.
cresc.
sim.

220
Picc.
Fl. 1 2
Ob. 1 2
E. H.
Cl. in E♭
Cl. in B♭
A. Cl. in E♭
Bs. Cl. in B♭
Bsn. 1 2
A. Sax. in E♭
T. Sax. in B♭
Bar. Sax. in E♭
Bs. Sax./ in B♭ Cbs. Cl.
Tpt. in C
Hn. in F
Tbn.
Euph. 1 2
Tuba 1 2
Str. Bass/ C. Bsn.
Timp.
Perc.
a2
sim.
cresc.
mf cresc.
p cresc.
fp cresc.
cresc. poco a poco
tutti
f marc.
increasingly brassy until m. 236
(a2)
div.
gliss.
Med. Gong
to T. Blk.
l.v.
2 Claves
f cresc.
Xyl.
Mar.

230
Picc.
Fl. 1 2
Ob. 1 2
E. H.
Cl. in E♭
Cl. in B♭ 1 2 3
A. Cl. in E♭
Bs. Cl. in B♭
Bsn. 1 2
A. Sax. in E♭ 1 2
T. Sax. in B♭
Bar. Sax. in E♭
Bs. Sax./ in B♭ Cbs. Cl.
Bs. Sax.
Cbs. Cl.
230
Tpt. in C 1 2 3 4
Hn. in F 1 2 3 4
Tbn. 1 2 3 4
Euph. 1 2
Tuba 1 2
Str. Bass/ C. Bsn.
Timp.
tune B♭ to C
Perc. 1 2 3 4
2 Claves
Xyl.
Mar.
(a2)
a2
cresc.
sim.
div.
mp
f
ff
fp cresc.
p

Picc.
Fl. 1 2
Ob. 1 2
E. H.
Cl. in E♭
Cl. in B♭ 1 2 3
A. Cl. in E♭
Bs. Cl. in B♭
Bsn. 1 2
A. Sax. in E♭ 1 2
T. Sax. in B♭
Bar. Sax. in E♭
Bs. Sax./ in B♭ Cbs. Cl.
Tpt. in C 1 2 3 4
Hn. in F 1 2 3 4
Tbn. 1 2 3 4
Euph. 1 2
Tuba 1 2
Str. Bass/ C. Bsn.
Timp.
Perc. 1 2 3 4
a2
unis.
8va
(a2)
(2.)
mf cresc.
p cresc.
cresc.
brassy until m. 256
T. Blk.
2 Claves
Xyl.
Mar.
to Small Sus. Cym.
fp
mf cresc.

240
Picc.
Fl. 1 2
(a2)
Ob. 1 2
E. H.
Cl. in E♭
Cl. in B♭ 1 2 3
div. a3
A. Cl. in E♭
Bs. Cl. in B♭
Bsn. 1 2
a2
reedy
f cresc.
A. Sax. in E♭ 1 2
T. Sax. in B♭
Bar. Sax. in E♭
Bs. Sax./ in B♭ Cbs. Cl.
ff
Tpt. in C 1 2 3 4
Hn. in F 1 2 3 4
Tbn. 1 2 3 4
Euph. 1 2
Tuba 1 2
div.
Str. Bass
Str. Bass/ C. Bsn.
Timp.
Perc. 1 2 3 4
2 Claves
Xyl.
Mar.
molto cresc.
8va

250
lunga
2-3"
Picc.
Fl. 1 2
Ob. 1 2
E. H.
Cl. in E♭
Cl. in B♭ 1 2 3
A. Cl. in E♭
Bs. Cl. in B♭
Bsn. 1 2
A. Sax. 1 2 in E♭
T. Sax. in B♭
Bar. Sax. in E♭
Bs. Sax./ in B♭ Cbs. Cl.
cresc.
(a2)
Tpt. in C 1 2 3 4
Hn. in F 1 2 3 4
Tbn. 1 2 3 4
Euph. 1 2
Tuba 1 2
Str. Bass/ C. Bsn.
Timp.
Perc. 1 2 3 4
a2
unis.
div.
Str. B.
Small Susp. Cym. S.D. stick
stop
l.v.
2 sticks
to S.D.
più f
2 Claves
to Vib.
Xyl.
Mar.

Andante ritmico (♩ = 66)

260

Picc.
Fl. 1 2
Ob. 1 2
E. H.
Cl. in E♭
Cl. in B♭ 1 2 3
1 solo
f intenso e espress.
f
A. Cl. in E♭
Bs. Cl. in B♭
Bsn. 1 2
A. Sax. in E♭ 1 2
T. Sax. in B♭
Bar. Sax. in E♭
Bs. Sax./ in B♭ Cbs. Cl.

Andante ritmico (♩ = 66)

260

Tpt. in C 1 2 3 4
Hn. in F 1 2 3 4
Tbn. 1 2 3 4
Euph. 1 2
Tuba 1 2
Str. Bass/ C. Bsn.
Timp.
Tuning:
Perc. 1 2 3 4
Snare Drum
no snares
sempre ppp
Vib. medium mallets
sempre p
sempre l.v.
to High T.-t.

Picc.
Fl. 1 2
Ob. 1 2
E. H.
Cl. in E♭
Cl. in B♭ 1
2 3
A. Cl. in E♭
Bs. Cl. in B♭
Bsn. 1 2
A. Sax. in E♭ 1 2
T. Sax. in B♭
Bar. Sax. in E♭
Bs. Sax./ in B♭ Cbs. Cl.
Tpt. in C 1 2
3 4
Hn. in F 1 2
3 4
Tbn. 1 2
3 4
Euph. 1 2
Tuba 1 2
Str. Bass/ C. Bsn.
Timp.
Perc. 1
2
3
4
S.D.
Vib.
f

270
Picc.
Fl. 1 2
Ob. 1 2
E. H.
Cl. in E♭
Cl. in B♭ 1 2 3
cresc.
A. Cl. in E♭
Bs. Cl. in B♭
Bsn. 1 2
A. Sax. 1 2 in E♭
T. Sax. in B♭
Bar. Sax. in E♭
Bs. Sax./ in B♭ Cbs. Cl.
270
Tpt. in C 1 2 3 4
Hn. in F 1 2 3 4
Tbn. 1 2 3 4
Euph. 1 2
Tuba 1 2
Str. Bass/ C. Bsn.
Timp.
S.D.
Vib.
pochissimo cresc.
Perc. 1 2 3 4

Picc.
Fl. 1 2
Ob. 1 2
E. H.
Cl. in E♭
Cl. in B♭ 1 2 3
A. Cl. in E♭
Bs. Cl. in B♭
Bsn. 1 2
A. Sax. 1 2 in E♭
T. Sax. in B♭
Bar. Sax. in E♭
Bs. Sax./ in B♭ Cbs. Cl.
Tpt. in C 1 2 3 4
Hn. in F 1 2 3 4
Tbn. 1 2 3 4
Euph. 1 2
Tuba 1 2
Str. Bass/ C. Bsn.
Timp.
Perc. 1 2 3 4
solo
f sempre
bend
(start slowly)
f
pp
dim.
perd.
1. 1 solo
plunger mute
p
(plunger mute)
1. harmon mute, stem in
pp
dim.
S.D.
pp
Vib.
poco cresc.
p

Picc.
Fl. 1 2
Ob. 1 2
E. H.
Cl. in E♭
Cl. in B♭ 1 2 3
A. Cl. in E♭
Bs. Cl. in B♭
Bsn. 1 2
A. Sax. 1 2 in E♭
T. Sax. in B♭
Bar. Sax. in E♭
Bs. Sax./ in B♭ Cbs. Cl.
Tpt. in C 1 2 3 4
Hn. in F 1 2 3 4
Tbn. 1 2 3 4
Euph. 1 2
Tuba 1 2
Str. Bass/ C. Bsn.
Timp.
Perc. 1 2 3 4
280
gliss.
senza vib.
ppp non cresc.
1. (1 solo, pl. mute)
(1.)
ppp
S.D.
Vib.

Picc.
(pulse-like)
gliss.
Fl. 1 2
Ob. 1 2
E. H.
Cl. in E♭
nat.
ppp
poco cresc.
Cl. in B♭ 1 2 3
gliss.
A. Cl. in E♭
Bs. Cl. in B♭
Bsn. 1 2
A. Sax. in E♭ 1 2
T. Sax. in B♭
Bar. Sax. in E♭
Bs. Sax./ in B♭ Cbs. Cl.
Tpt. in C 1 2 3 4
Hn. in F 1 2 3 4
Tbn. 1 2 3 4
Euph. 1 2
Tuba 1 2
Str. Bass/ C. Bsn.
Timp.
S.D.
Vib.
Perc. 1 2 3 4
*

bend
bend
290
Picc.
Fl. 1 2
1.
Ob. 1 2
ppp
cresc. poco a poco
(warm sound)
E. H.
Cl. in E♭
mp
Cl. in B♭ 1 2 3
gliss.
A. Cl. in E♭
Bs. Cl. in B♭
Bsn. 1 2
A. Sax. 1 2 in E♭
T. Sax. in B♭
Bar. Sax. in E♭
Bs. Sax./ in B♭ Cbs. Cl.
1. (1 solo, pl. mute)
290
Tpt. in C 1 2 3 4
p
Hn. in F 1 2 3 4
1. harmon mute (stem in)
Tbn. 1 2 3 4
p
dim.
pp
Euph. 1 2
Tuba 1 2
Str. Bass/ C. Bsn.
Timp.
S.D.
Vib.
Perc. 1 2 3 4

Picc.
bend
bend
Fl. 1 2
Ob. 1 2
mf
p cresc. poco a poco
warm sound
E. H.
Cl. in E♭
Cl. in B♭ 1 2 3
A. Cl. in E♭
Bs. Cl. in B♭
Bsn. 1 2
A. Sax. in E♭ 1 2
T. Sax. in B♭
Bar. Sax. in E♭
Bs. Sax./ in B♭ Cbs. Cl.
Tpt. in C 1 2 3 4
Hn. in F 1 2 3 4
Tbn. 1 2 3 4
Euph. 1 2
Tuba 1 2
Str. Bass/ C. Bsn.
Timp.
Perc. 1 2 3 4
S.D.
pocchissimo cresc.
Vib.
poco cresc.
Marimba soft mallets
(pulse-like within cresc.)
pp
cresc. poco a poco

Picc.
Fl. 1 2
a2
f espr. e intenso
Ob. 1 2
p cresc.
f
E. H.
Cl. in E♭
f espr.
Cl. in B♭ 1 2 3
gliss.
A. Cl. in E♭
Bs. Cl. in B♭
Bsn. 1 2
A. Sax. 1 2 in E♭
T. Sax. in B♭
Bar. Sax. in E♭
Bs. Sax./ in B♭ Cbs. Cl.
Tpt. in C 1 2 3 4
1. (1 solo, pl. mute)
Hn. in F 1 2 3 4
pp
poco cresc.
Tbn. 1 2 3 4
Euph. 1 2
Tuba 1 2
Str. Bass/ C. Bsn.
Timp.
Perc. 1 2 3 4
S.D.
Vib.
l.v.
mp
Mar.
f
pp
to 3 Low T.-t.

300
Picc.
(a2)
Fl. 1 2
f
Ob. 1 2
E. H.
Cl. in E♭
f
a3 tutti
Cl. in B♭ 1 2 3
f
A. Cl. in E♭
Bs. Cl. in B♭
Bsn. 1 2
f
A. Sax. in E♭ 1 2
f
T. Sax. in B♭
Bar. Sax. in E♭
Bs. Sax./ in B♭ Cbs. Cl.
300
(1 solo, pl. mute)
Tpt. in C 1 2 3 4
1 solo
plunger mute
p
2. (+)
brassy
Hn. in F 1 2 3 4
p
f
Tbn. 1 2 3 4
Euph. 1 2
Tuba 1 2
Str. Bass/ C. Bsn.
Timp.
S.D.
Vib.
Perc. 1 2 3 4

Picc.
Fl. 1 2
Ob. 1 2
E. H.
Cl. in E♭
Cl. in B♭ 1 2 3
A. Cl. in E♭
Bs. Cl. in B♭
Bsn. 1 2
A. Sax. in E♭ 1 2
T. Sax. in B♭
Bar. Sax. in E♭
Bs. Sax./ in B♭ Cbs. Cl.
Tpt. in C 1 2 3 4
Hn. in F 1 2 3 4
Tbn. 1 2 3 4
Euph. 1 2
Tuba 1 2
Str. Bass/ C. Bsn.
Timp.
Perc. 1 2 3 4
bend
a2
a3
pp sempre
dim.
cresc.
a2 straight metal mute
tutti
1. 1 solo
brassy
medium hard mallet
S.D.
Vib.

310
bend
Picc.
Fl. 1 2
a2
f
Ob. 1 2
p
E. H.
p
Cl. in E♭
f
Cl. in B♭ 1 2 3
a3
f
A. Cl. in E♭
Bs. Cl. in B♭
Bsn. 1 2
A. Sax. 1 2 in E♭
f
dim.
p
T. Sax. in B♭
pp
f
Bar. Sax. in E♭
pp
f
Bs. Sax./ in B♭ Cbs. Cl.
Tpt. in C 1 2 3 4
Hn. in F 1 2 3 4
(+)
pp
progress to brassy
f
a2
pp
Tbn. 1 2 3 4
Euph. 1 2
Tuba 1 2
Str. Bass/ C. Bsn.
Timp.
S.D.
Vib.
Perc. 1 2 3 4

Picc.
Fl. 1 2
(a2)
f
(f)
Ob. 1 2
a2
p molto cresc.
f
E. H.
Cl. in E♭
Cl. in B♭ 1 2 3
(a3)
A. Cl. in E♭
p sempre
Bs. Cl. in B♭
Bsn. 1 2
pp cresc.
A. Sax. in E♭ 1 2
T. Sax. in B♭
dim.
Bar. Sax. in E♭
Bs. Sax./ in B♭ Cbs. Cl.
Tpt. in C 1 2 3 4
a2 nat.
mp
Hn. in F 1 2 3 4
Tbn. 1 2 3 4
harmon mute, stem in
Euph. 1 2
Tuba 1 2
Str. Bass/ C. Bsn.
Timp.
Perc. 1 2 3 4
S.D.
Vib.
mf

Picc.
Fl. 1 2
Ob. 1 2
p sempre
E. H.
Cl. in E♭
Cl. in B♭ 1 2 3
A. Cl. in E♭
Bs. Cl. in B♭
Bsn. 1 2
p sempre
A. Sax. in E♭ 1 2
dim.
a2
cresc.
T. Sax. in B♭
Bar. Sax. in E♭
Bs. Sax./ in B♭ Cbs. Cl.
Tpt. in C
Hn. in F
Tbn.
harmon mute, stem in
dim.
Euph. 1 2
div.
mute
Tuba 1 2
Str. Bass/ C. Bsn.
Timp.
S.D.
Vib.
sim.
Perc.

320
Picc.
Fl. 1 2
Ob. 1 2
poco cresc.
mp
cresc.
E. H.
Cl. in E♭
Cl. in B♭ 1 2 3
A. Cl. in E♭
poco cresc.
mp
Bs. Cl. in B♭
poco cresc.
mp
Bsn. 1 2
mp
cresc.
A. Sax. 1 2 in E♭
(a2)
f
mf
cresc.
T. Sax. in B♭
reedy
f
Bar. Sax. in E♭
reedy
f
Bs. Sax./ in B♭ Cbs. Cl.
320
Tpt. in C 1 2 3 4
mp
mf
Hn. in F 1 2 3 4
(a2)
f
a2
mf
cresc.
Tbn. 1 2 3 4
f > p cresc.
f
p
Euph. 1 2
f
p
cresc.
Tuba 1 2
div. mute
f
f
p
cresc.
Str. Bass/ C. Bsn.
a2
f
mf
Timp.
mp
Perc. 1 2 3 4
S.D.
Vib.

Picc.
Fl. 1 2
Ob. 1 2
E. H.
Cl. in E♭
Cl. in B♭ 1 2 3
A. Cl. in E♭
Bs. Cl. in B♭
Bsn. 1 2
A. Sax. in E♭ 1 2
T. Sax. in B♭
Bar. Sax. in E♭
Bs. Sax./ in B♭ Cbs. Cl.
Tpt. in C 1 2 3 4
Hn. in F 1 2 3 4
Tbn. 1 2 3 4
Euph. 1 2
Tuba 1 2
Str. Bass/ C. Bsn.
Timp.
Perc. 1 2 3 4
cresc.
(a2)
nat.
a2
brassy
S.D.
Vib.
3 Low Tom-toms

330
Picc.
Fl. 1 2
Ob. 1 2
E. H.
Cl. in E♭
Cl. in B♭ 1 2 3
A. Cl. in E♭
Bs. Cl. in B♭
Bsn. 1 2
A. Sax. 1 2 in E♭
T. Sax. in B♭
Bar. Sax. in E♭
Bs. Sax./ in B♭ Cbs. Cl.
Tpt. in C 1 2 3 4
Hn. in F 1 2 3 4
Tbn. 1 2 3 4
Euph. 1 2
Tuba 1 2
Str. Bass/ C. Bsn.
Timp.
Perc. 1 2 3 4
cresc.
div.
poco cresc.
nat.
change to straight metal mute
unis.
mute off
open
S.D.
Vib.
Low T.-t.

Picc.
Fl. 1 2
Ob. 1 2
E. H.
Cl. in E♭
cresc.
div.
Cl. in B♭
div.
A. Cl. in E♭
Bs. Cl. in B♭
Bsn. 1 2
A. Sax. 1 2 in E♭
poco cresc. e espr.
T. Sax. in B♭
Bar. Sax. in E♭
Bs. Sax./ in B♭ Cbs. Cl.
1 solo
brassy
tutti nat.
cresc.
Tpt. in C
Hn. in F
Tbn.
Euph. 1 2
Tuba 1 2
Str. Bass/ C. Bsn.
Timp.
S.D.
Vib.
Low T.-t.
Perc.

Picc.
Fl. 1 2
Ob. 1 2
1.
E. H.
Cl. in E♭
Cl. in B♭ 1 2 3
più f
A. Cl. in E♭
Bs. Cl. in B♭
Bsn. 1 2
A. Sax. in E♭ 1 2
f espr.
T. Sax. in B♭
Bar. Sax. in E♭
Bs. Sax./ in B♭ Cbs. Cl.
a2
p cresc.
Tpt. in C 1 2 3 4
fp
cresc.
Hn. in F 1 2 3 4
a2
Tbn. 1 2 3 4
brassy
mf cresc.
fp espr.
Euph. 1 2
p cresc.
open
Tuba 1 2
Str. Bass/ C. Bsn.
Timp.
S.D.
Perc. 1 2 3 4
Vib.
più f
to Large Sus. Cym.
HighT.-t.
LowT.-t.

340
Picc.
Fl. 1 2
Ob. 1 2
E. H.
Cl. in E♭
Cl. in B♭ 1 2 3
A. Cl. in E♭
Bs. Cl. in B♭
Bsn. 1 2
A. Sax. in E♭ 1 2
T. Sax. in B♭
Bar. Sax. in E♭
Bs. Sax./ in B♭ Cbs. Cl.
Tpt. in C 1 2 3 4
Hn. in F 1 2 3 4
Tbn. 1 2 3 4
Euph. 1 2
Tuba 1 2
Str. Bass/ C. Bsn.
Timp.
Perc. 1 2 3 4
a2
gliss.
cresc.
più f
p cresc.
p molto cresc.
(a2)
nat.
a2 nat.
unis.
S.D.
Vib.
Large Sus. Cym.
l.v.
to 3 High T.-t.
to T. Blk.
Low T.-t.

Picc.
Fl. 1 2
Ob. 1 2
E. H.
Cl. in E♭
Cl. in B♭ 1 2 3
A. Cl. in E♭
Bs. Cl. in B♭
Bsn. 1 2
A. Sax. 1 2 in E♭
T. Sax. in B♭
Bar. Sax. in E♭
Bs. Sax./ in B♭ Cbs. Cl.
Tpt. in C 1 2 3 4
Hn. in F 1 2 3 4
Tbn. 1 2 3 4
Euph. 1 2
Tuba 1 2
Str. Bass/ C. Bsn.
Timp.
Perc. 1 2 3 4
(a2)
f molto espr.
più f
unis.
a2
p molto espr.
dim.
cresc.
tune G to A, F♯ to G♯
Temple Blocks med. hard mallets
f only!
Vib.
High T.-t.
to Xyl.
Xyl. hard mallets
Low T.-t.
Small Sus. Cym. 2 mallets
l.v.
to Mar.

Picc.
Fl. 1 2
(a2)
Ob. 1 2
(a2)
E. H.
Cl. in E♭
Cl. in B♭ 1 2 3
a3
A. Cl. in E♭
Bs. Cl. in B♭
Bsn. 1 2
A. Sax. in E♭ 1 2
(a2)
T. Sax. in B♭
Bar. Sax. in E♭
Bs. Sax./ in B♭ Cbs. Cl.
(a2)
p
Tpt. in C
1
2
3
4
sim.
f
Hn. in F
1 2
3 4
a2
f
p
Tbn.
1
2
3 4
div.
Euph. 1 2
Tuba 1 2
Str. Bass/ C. Bsn.
(a2)
Timp.
dim.
Perc.
1
2
3
4
T. Blk.
Vib.
Xyl.

350
Picc.
Fl. 1 2
Ob. 1 2
E. H.
Cl. in E♭
Cl. in B♭ 1 2 3
A. Cl. in E♭
Bs. Cl. in B♭
Bsn. 1 2
A. Sax. 1 2 in E♭
T. Sax. in B♭
Bar. Sax. in E♭
Bs. Sax./ in B♭ Cbs. Cl.
a2
a3
f
350
Tpt. in C
1
2
3
4
Hn. in F
1 2
3 4
sim.
Tbn.
4.
Euph. 1 2
Tuba 1 2
Str. Bass/ C. Bsn.
Timp.
Perc.
T. Blk.
Vib.
Xyl.
Marimba
hard mallets
p

Picc.
Fl. 1 2
a2
Ob. 1 2
a2
E. H.
Cl. in E♭
Cl. in B♭ 1 2 3
a3
A. Cl. in E♭
Bs. Cl. in B♭
Bsn. 1 2
più f
A. Sax. 1 2 in E♭
a2
T. Sax. in B♭
Bar. Sax. in E♭
Bs. Sax./ in B♭ Cbs. Cl.
a2
p cresc. poco a poco
Tpt. in C
sim.
Hn. in F
(a2)
Tbn.
Euph. 1 2
Tuba 1 2
Str. Bass/ C. Bsn.
Timp.
T. Blk.
Vib.
Xyl.
Mar.
Perc.

Picc.
Fl. 1 2
Ob. 1 2
E. H.
Cl. in E♭
Cl. in B♭ 1 2 3
A. Cl. in E♭
Bs. Cl. in B♭
Bsn. 1 2
A. Sax. 1 2 in E♭
T. Sax. in B♭
Bar. Sax. in E♭
Bs. Sax./ in B♭ Cbs. Cl.
Tpt. in C 1 2 3 4
Hn. in F 1 2 3 4
Tbn. 1 2 3 4
Euph. 1 2
Tuba 1 2
Str. Bass/ C. Bsn.
Timp.
Perc. 1 2 3 4
(a2)
(a3)
cresc.
sub. p
fp
cresc. poco a poco
T. Blk.
Vib.
Xyl.
Mar.

Picc.
Fl. 1 2
Ob. 1 2
E. H.
Cl. in E♭
Cl. in B♭ 1 2 3
A. Cl. in E♭
Bs. Cl. in B♭
Bsn. 1 2
A. Sax. in E♭ 1 2
T. Sax. in B♭
Bar. Sax. in E♭
Bs. Sax./ in B♭ Cbs. Cl.
Tpt. in C 1 2 3 4
Hn. in F 1 2 3 4
Tbn. 1 2 3 4
Euph. 1 2
Tuba 1 2
Str. Bass/ C. Bsn.
Timp.
Perc. 1 2 3 4
T. Blk.
Vib.
Xyl.
Mar.
più f
a2
(a2)
8va
sub. p
sim.
l.v.
ff

360
Picc.
Fl. 1 2
Ob. 1 2
E. H.
Cl. in E♭
Cl. in B♭ 1 2 3
A. Cl. in E♭
Bs. Cl. in B♭
Bsn. 1 2
A. Sax. in E♭ 1 2
T. Sax. in B♭
Bar. Sax. in E♭
Bs. Sax./ in B♭ Cbs. Cl.
Tpt. in C 1 2 3 4
Hn. in F 1 2 3 4
Tbn. 1 2 3 4
Euph. 1 2
Tuba 1 2
Str. Bass/ C. Bsn.
Timp.
Perc. 1 2 3 4
T. Blk.
Vib.
Xyl.
Mar.
to Large Gong
8va
(a2)
fp cresc.
mf cresc.
cresc.
sim.
p cresc.
ff

L'istesso tempo, ma maestoso
Picc.
Fl. 1 2
Ob. 1 2
E. H.
Cl. in E♭
Cl. in B♭ 1 2 3
A. Cl. in E♭
Bs. Cl. in B♭
Bsn. 1 2
A. Sax. in E♭ 1 2
T. Sax. in B♭
Bar. Sax. in E♭
Bs. Sax./ in B♭ Cbs. Cl.
L'istesso tempo, ma maestoso
Tpt. in C 1 2 3 4
open
Hn. in F 1 2 3 4
progress to brassy
a2 nat.
Tbn. 1 2 3 4
open
gliss.
nat.
Euph. 1 2
unis.
Tuba 1 2
Str. Bass/ C. Bsn.
Timp.
T. Blk. change mallets to soft
to Chimes
to Marimba
Large Gong
l.v.
to 3 Low T.-t.
3 Low T.-t.
medium hard mallets
Perc. 1 2 3 4

370
Picc.
(a2)
Fl. 1 2
Ob. 1 2
E. H.
Cl. in E♭
Cl. in B♭ 1 2 3
a3
A. Cl. in E♭
Bs. Cl. in B♭
Bsn. 1 2
a2
cresc.
A. Sax. in E♭ 1 2
ff warm
T. Sax. in B♭
Bar. Sax. in E♭
Bs. Sax./ in B♭ Cbs. Cl.
370
Tpt. in C 1 2 3 4
Hn. in F 1 2 3 4
progress to brassy
gliss.
Tbn. 1 2 3 4
Euph. 1 2
Tuba 1 2
Str. Bass/ C. Bsn.
Timp.
T. Blk.
Perc. 1 2 3 4
Low T.-t.

Picc.
Fl. 1 2
(a2)
Ob. 1 2
a2
cresc.
E. H.
Cl. in E♭
Cl. in B♭ 1 2 3
(a3)
A. Cl. in E♭
mp cresc.
Bs. Cl. in B♭
Bsn. 1 2
A. Sax. in E♭ 1 2
T. Sax. in B♭
Bar. Sax. in E♭
Bs. Sax./ in B♭ Cbs. Cl.
Tpt. in C 1 2 3 4
Hn. in F 1 2 3 4
Tbn. 1 2 3 4
nat.
gliss.
progress to brassy
Euph. 1 2
Tuba 1 2
Str. Bass/ C. Bsn.
Timp.
T. Blk.
pp !
Perc. 1 2 3 4
Low T.-t.

Picc.
Fl. 1 2
Ob. 1 2
E. H.
Cl. in E♭
Cl. in B♭ 1 2 3
A. Cl. in E♭
Bs. Cl. in B♭
Bsn. 1 2
A. Sax. in E♭ 1 2
T. Sax. in B♭
Bar. Sax. in E♭
Bs. Sax./ in B♭ Cbs. Cl.
Tpt. in C 1 2 3 4
Hn. in F 1 2 3 4
Tbn. 1 2 3 4
Euph. 1 2
Tuba 1 2
Str. Bass/ C. Bsn.
Timp.
Perc. 1 2 3 4
cresc.
a2
a3
1.
progress to brassy
nat.
gliss.
div.
unis.
T. Blk.
cresc. poco a poco
Chimes (hammer)
l.v.
to Large Sus. Cym.
Low T.-t.

380
Picc.
Fl. 1 2
(a2)
cresc.
Ob. 1 2
p cresc.
E. H.
p cresc.
Cl. in E♭
Cl. in B♭ 1 2 3
(a3)
A. Cl. in E♭
Bs. Cl. in B♭
Bsn. 1 2
A. Sax. in E♭ 1 2
T. Sax. in B♭
Bar. Sax. in E♭
Bs. Sax./ in B♭ Cbs. Cl.
Tpt. in C 1 2 3 4
gliss.
Hn. in F 1 2 3 4
brassy
a2
Tbn. 1 2 3 4
Euph. 1 2
div.
unis.
Tuba 1 2
Str. Bass/ C. Bsn.
Timp.
T. Blk.
cresc. poco a poco
Large Sus. Cym.
Mar. hard mallet
Low T.-t.
Perc. 1 2 3 4

Picc.
Fl. 1 2
Ob. 1 2
E. H.
Cl. in E♭
Cl. in B♭ 1 2 3
A. Cl. in E♭
Bs. Cl. in B♭
Bsn. 1 2
A. Sax. in E♭ 1 2
T. Sax. in B♭
Bar. Sax. in E♭
Bs. Sax./ in B♭ Cbs. Cl.
Tpt. in C 1 2 3 4
Hn. in F 1 2 3 4
Tbn. 1 2 3 4
Euph. 1 2
Tuba 1 2
Str. Bass/ C. Bsn.
Timp.
Perc. 1 2 3 4
(a2)
(a3)
più f
p cresc.
nat.
unis.
div.
a2
fp cresc.
T. Blk.
change to medium hard mallets
mf cresc.
Large Sus. Cym.
to 2 Large Cyms.
2 Large Cyms.
l.v.
Mar.
to 3 High T.-t.
Low T.-t.
poco cresc.

Picc.
Fl. 1 2
(a2)
Ob. 1 2
E. H.
Cl. in E♭
Cl. in B♭ 1 2 3
div.
A. Cl. in E♭
Bs. Cl. in B♭
Bsn. 1 2
A. Sax. in E♭ 1 2
T. Sax. in B♭
Bar. Sax. in E♭
Bs. Sax./ in B♭ Cbs. Cl.
Tpt. in C 1 2 3 4
Hn. in F 1 2 3 4
Tbn. 1 2 3 4
brassy
sim.
più f
Euph. 1 2
unis.
Tuba 1 2
div. nat.
Str. Bass/ C. Bsn.
Timp.
tune A to G
Perc. 1 2 3 4
T. Blk.
to Vib.
3 High T.-T.
med. hard mallet
cresc. poco a poco
3 Low T.-T.
sub. p cresc. poco a poco

Picc.
Fl. 1 2
Ob. 1 2
E. H.
Cl. in E♭
Cl. in B♭ 1 2 3
A. Cl. in E♭
Bs. Cl. in B♭
Bsn. 1 2
A. Sax. in E♭ 1 2
T. Sax. in B♭
Bar. Sax. in E♭
Bs. Sax./ in B♭ Cbs. Cl.
Tpt. in C 1 2 3 4
Hn. in F 1 2 3 4
Tbn. 1 2 3 4
Euph. 1 2
Tuba 1 2
Str. Bass/ C. Bsn.
Timp.
Perc. 1 2 3 4
390
a2
unis.
sim.
div.
(a2)
nat.
fp
ff
f
p
cresc. molto, quasi gliss., molto vibrato e intenso
sonore sempre
Str. Bass
C. Bsn.
T. Blk.
Vib.
med. hard mallet
irreg. trem.
Large Sus. Cym.
l.v.
to 3 High T.-t.
3 High T.-t.
Low T.-t.
p cresc.

Picc.
Fl. 1 2
Ob. 1 2
E. H.
Cl. in E♭
Cl. in B♭ 1 2 3
A. Cl. in E♭
Bs. Cl. in B♭
Bsn. 1 2
A. Sax. in E♭ 1 2
T. Sax. in B♭
Bar. Sax. in E♭
Bs. Sax./in B♭ Cbs. Cl.
Tpt. in C 1 2 3 4
Hn. in F 1 2 3 4
Tbn. 1 2 3 4
Euph. 1 2
Tuba 1 2
Str. Bass/ C. Bsn.
Timp.
Perc. 1 2 3 4
a2
unis.
8va. ad lib.
nat.
ff
p
f
mp
cresc.
gliss.
(2 mallets)
sonore
T. Blk.
to S.D., snares on
Vib.
High T.-t.
Large Sus. Cym.
l.v.
to Vib., medium hard mallets
Low T.-t.

Picc.
Fl. 1 2
Ob. 1 2
E. H.
Cl. in E♭
Cl. in B♭ 1 2 3
A. Cl. in E♭
Bs. Cl. in B♭
Bsn. 1 2
A. Sax. 1 2 in E♭
T. Sax. in B♭
Bar. Sax. in E♭
Bs. Sax./ in B♭ Cbs. Cl.
Tpt. in C 1 2 3 4
Hn. in F 1 2 3 4
Tbn. 1 2 3 4
Euph. 1 2
Tuba 1 2
Str. Bass/ C. Bsn.
Timp.
Perc. 1 2 3 4
brassy
div.
S.D.
Vib.
Vib.
poco cresc.
cresc.
to 2 Large Crash Cymbals

Exaltando
400
Picc.
Fl. 1 2
Ob. 1 2
E. H.
Cl. in E♭
Cl. in B♭ 1 2 3
A. Cl. in E♭
Bs. Cl. in B♭
Bsn. 1 2
a2
A. Sax. in E♭ 1 2
T. Sax. in B♭
Bar. Sax. in E♭
Bs. Sax./ in B♭ Cbs. Cl.
Exaltando
400
Tpt. in C 1 2 3 4
nat.
Hn. in F 1 2 3 4
(a2)
progress. into brassy
Tbn. 1 2 3 4
brassy
Euph. 1 2
unis.
progress into brassy
Tuba 1 2
Str. Bass/ C. Bsn.
Timp.
l.v.
l.v. sim.
Perc. 1 2 3 4
S.D.
Vib.
cresc.
poco cresc.
2 Large Crash Cymbals
più f

ff al fine
Picc.
Fl. 1 2
Ob. 1 2
E. H.
Cl. in E♭
div.
Cl. in B♭ 1 2 3
A. Cl. in E♭
Bs. Cl. in B♭
Bsn. 1 2
A. Sax. 1 2 in E♭
T. Sax. in B♭
Bar. Sax. in E♭
Bs. Sax./ in B♭ Cbs. Cl.
(a2)
ff al fine
Tpt. in C 1 2 3 4
Hn. in F 1 2 3 4
a2
Tbn. 1 2 3 4
Euph. 1 2
Tuba 1 2
Str. Bass/ C. Bsn.
Timp.
l.v. sim.
S.D.
(cresc.)
Vib.
Perc. 1 2 3 4

tutti
legato
Picc.
Fl. 1 2
Ob. 1 2
E. H.
Cl. in E♭
unis.
Cl. in B♭ 1 2 3
unis.
A. Cl. in E♭
Bs. Cl. in B♭
Bsn. 1 2
A. Sax. in E♭ 1 2
a2
T. Sax. in B♭
Bar. Sax. in E♭
Bs. Sax./ in B♭ Cbs. Cl.
(a2)
marc.
tutti
legato
a2
Tpt. in C 1 2 3 4
Hn. in F 1 2 3 4
Tbn. 1 2 3 4
a2
Euph. 1 2
Tuba 1 2
marc.
Str. Bass/ C. Bsn.
(a2)
marc.
Timp.
f (not ff), sonore
sim.
Perc. 1 2 3 4
S.D.
cresc.
(mp)
f
mf
Vib.
Vib.
2 Large Cym.
ff
to Large Sus. Cym.
Large Sus. Cym. hard mallets
p

Picc.
Fl. 1 2
Ob. 1 2
E. H.
Cl. in E♭
Cl. in B♭ 1 2 3
A. Cl. in E♭
Bs. Cl. in B♭
Bsn. 1 2
A. Sax. in E♭ 1 2
(a2)
T. Sax. in B♭
Bar. Sax. in E♭
Bs. Sax./ in B♭ Cbs. Cl.
(a2)
Tpt. in C 1 2 3 4
Hn. in F 1 2 3 4
Tbn. 1 2 3 4
(a2)
Euph. 1 2
Tuba 1 2
a2
Str. Bass/ C. Bsn.
Timp.
Perc. 1 2 3 4
S.D.
(mf)
f
mf
f
cresc.
Vib.
cresc.
Vib.
cresc.
stop all sounds
stop all sounds
Low Sus. Cym.
cresc. poco a poco
(mf)
(f)
ff
ff

MUSIC FOR BAND & WIND ENSEMBLE

by

KAREL HUSA

Al Fresco	(score and parts) 50244600
	(score) 50244610
An American Te Deum for chorus and band	*score and parts available on rental*
	(vocal score) 50506630
Apotheosis of This Earth for chorus and band	(score and parts) 50244350
	(score) 50244360
Concerto for Alto Saxophone and Concert Band	(score and parts) 50244930
	(score) 50244940
	(piano reduction) 50225760
Concerto for Percussion and Wind Ensemble	(score and parts) 50244460
	(score) 50244470
Concerto for Trumpet and Wind Orchestra	(score) 50238730
	(piano reduction) 50228180
	parts available on rental
Concerto for Wind Ensemble	(score) 50488552
	parts available on rental
Les couleurs fauves (Vivid Colors)	(score and parts) 50483620
	(score) 50483621
Divertimento for Brass and Percussion	(score and parts) 50225660
Divertimento for Symphonic Winds and Percussion (arr. John Boyd)	*score and parts available on rental*
Fanfare for Brass and Percussion	(score and parts) 50228340
Midwest Celebration for brass and percussion	*score and parts available on rental*
Music for Prague 1968	(score and parts) 50244120
	(score) 50244130
Smetana Fanfare	(score and parts) 50488826
	(score) 50480666

Associated Music Publishers, Inc.

4 - Flute 1
4 - Flute 2
1 - Flute 3/Piccolo
1 - Oboe 1
1 - Oboe 2
1 - English Horn in F
1 - Clarinet in E♭
4 - Clarinet 1 in B♭
4 - Clarinet 2 in B♭
4 - Clarinet 3 in B♭
1 - Alto Clarinet in E♭
2 - Bass Clarinet in B♭
1 - Bassoon 1
1 - Bassoon 2

2 - Alto Saxophone 1 in E♭
2 - Alto Saxophone 2 in E♭
2 - Tenor Saxophone in B♭
1 - Baritone Saxophone in E♭
2 - Bass Saxophone/Contrabass Clarinet

2 - Trumpet 1 in C
2 - Trumpet 2 in C
2 - Trumpet 3 in C
2 - Trumpet 4 in C
2 - Trumpet 1 in B♭
2 - Trumpet 2 in B♭
2 - Trumpet 3 in B♭
2 - Trumpet 4 in B♭

1 - Horn 1 in F
1 - Horn 2 in F
1 - Horn 3 in F
1 - Horn 4 in F
2 - Trombone 1
2 - Trombone 2
2 - Trombone 3
2 - Trombone 4
2 - Euphonium 1
2 - Euphonium 2
2 - Baritone 1
2 - Baritone 2
2 - Tuba 1
2 - Tuba 2
2 - String Bass/Contrabassoon

1 - Timpani
2 - Percussion 1
2 - Percussion 2
2 - Percussion 3
2 - Percussion 4

amp

Associated Music Publishers, Inc.

KAREL HUSA

LES COULEURS FAUVES
(Vivid Colors)

for Symphonic Wind Ensemble

(full score and parts)

Associated Music Publishers, Inc.

PROGRAM NOTE

Les couleurs fauves (Vivid Colors) was commissioned by Northwestern University School of Music in tribute to its director of bands, John Paynter, upon his retirement. Sadly, this wonderful musician and champion of new music died before the work's premiere in November 1996.

I have always been fascinated by colors, not only in music but also in nature and art. The paintings of the Impressionists and Fauvists have been particularly attractive to me, and their French origin accounts for the title of my piece. The two movements, "Persistent Bells" and "Ritual Dance Masks," gave me the chance to play with the colors—sometimes gentle, sometimes raw—of the wind ensemble, something John Paynter also liked to do in his conducting.

—Karel Husa

first performance:
Northwestern University Symphonic Wind Ensemble
Karel Husa, conductor
Pick-Staiger Concert Hall, Evanston, Illinois
November 16, 1996

recording (compact disc):
New England Conservatory Wind Ensemble, Frank Battisti, director
Albany Records TROY 340

duration: ca. 17 minutes

INSTRUMENTATION

3 Flutes (1 doubling Piccolo)
2 Oboes
English Horn in F
Clarinet in E♭
3 Clarinets in B♭
Alto Clarinet in E♭
Bass Clarinet in B♭
2 Bassoons
2 Alto Saxophones in E♭
Tenor Saxophone in B♭
Baritone Saxophone in E♭
Bass Saxophone in B♭ and/or Contrabass Clarinet in B♭

4 Trumpets in C (or B♭)
4 Horns in F
4 Trombones
2 Euphoniums (or Baritones in B♭)
2 Tubas
String Bass and/or Contrabassoon

Timpani

Percussion (4 players):
Glockenspiel, Xylophone, Vibraphone,
Marimba, Chimes, Large Crash Cymbals,
Large and Small Suspended Cymbals,
Large and Medium Gongs, Claves,
Temple Blocks, Tom-Toms,
Snare Drum, Bass Drum

KAREL HUSA

LES COULEURS FAUVES

(Vivid Colors)

for Symphonic Wind Ensemble

(full score)

AMP 8155
First printing: December 1999

ISBN 978-0-634-00929-7
Associated Music Publishers, Inc.